NINA LOMMER

Kids entdecken die Natur
Waldtiere, Vögel & Co.
Entdecke die heimische Tierwelt

Impressum Waldtiere:

Alle Hinweise in diesem Buch sind vom Autor sorgfältig geprüft und nach aktuellsten Erkenntnissen zusammengestellt. Dennoch kann eine Garantie nicht übernommen werden. Eine Haftung des Autors bzw. des Verlages ist ausgeschlossen.

Kids entdecken die Natur
Waldtiere, Vögel & Co. Entdecke die heimische Tierwelt

Copyright © by PALAST Verlag GmbH, Euskirchen

Layout & Einbandgestaltung: agilmedien, Köln

Printed in Hungary 2008
ISBN: 978-3-939527-08-4

Kids entdecken die Natur

Waldtiere, Vögel & Co.
Entdecke die heimische Tierwelt

Vorwort

In diesem Buch findest du eine kleine Einführung in unsere heimische Tierwelt. 44 Tiere werden vorgestellt, die man mit ein bisschen Glück alle bei uns beobachten kann.

Wenn du mit offenen Augen und zur richtigen Zeit durch den Wald gehst, könnten dir zum Beispiel Rehe oder Hirsche begegnen, die du dann mithilfe dieses Buches bestimmen kannst. Am Himmel kreisen der Wanderfalke, der Mäusebussard oder der Turmfalke, und du kannst ihre Flugkünste bewundern. Aber auch kleine unauffällige Tiere wie die Feldmaus oder das niedliche Eichhörnchen kannst du beobachten.

In diesem Buch sind alle diese Tierarten und noch viele, viele mehr abgebildet und beschrieben, sodass du sie leicht erkennen kannst.

Du wirst überrascht sein, wie vielfältig unsere heimische Tierwelt ist, und Spaß daran haben, mehr über sie zu erfahren. Überrasche mit deinem Wissen deine Eltern und Freunde!

Die Tiere sind alphabetisch geordnet, so dass du sie im Buch leicht wieder finden kannst.

Und nun viel Spaß bei der Bestimmung der vielen verschiedenen Tiere!

Inhalt

Aal 6
Bachforelle 8
Barbe 10
Bisamratte 12
Blindschleiche 14
Dachs 16
Damhirsch 18
Eichhörnchen 20
Elster 22
Feldhase 24
Feldmaus 26
Fischotter 28
Fuchs 30
Goldfisch 32
Habicht 34
Hecht 36
Igel 38
Iltis 40
Kohlmeise 42
Kolkrabe 44
Kreuzotter 46
Kuckuck 48
Laubfrosch 50
Luchs 52
Maulwurf 54
Mäusebussard 56
Rauchschwalbe 58
Reh 60
Ringelnatter 62
Rothirsch 64
Rotkehlchen 66
Schleiereule 68
Silbermöwe 70
Spatz 72
Spitzmaus 74
Steinmarder 76
Stockente 78
Turmfalke 80
Wanderfalke 82
Weinbergschnecke 84
Weißstorch 86
Wildkatze 88
Wildschwein 90
Zaunkönig 92

Der Aal

Anguilla anguilla
Wirbeltier

☑ das Blut des Aals ist giftig
☐ harmlos

☞ Steckbrief

Grundfarben: Dunkelgrün bis Schwarz
Länge: bis zu 150 cm
Gewicht: bis zu 6 kg

☞ Aussehen/Beschreibung

Der Aal hat einen schlangenförmigen Körper. Auf seiner Oberseite ist er dunkelgrün bis schwarz gefärbt, auf der Körperunterseite hat er eine helle Färbung. Die weiblichen Tiere können bis 150 cm lang und etwa 6 kg schwer werden, die Männchen erreichen höchstens eine Länge von 60 cm. Die Afterflosse, Schwanzflosse und Rückenflosse bilden einen durchgängigen Flossensaum. In der dicken Haut des Aals sind viele sehr kleine Schuppen eingebettet.

☞ Nahrung

Aale sind Raubfische und ernähren sich von Würmern, Krebsen, Schnecken und Insekten, größere Aale fressen auch andere Fische.

☞ Lebensraum

Der Aal lebt in Flüssen, Seen und kleinen Bächen, in denen auch Forellen vorkommen. Hier ist er nicht gerne gesehen, da er sich hier auch als Laichräuber betätigt.

INFO
Achtung! Das Blut des Aals ist giftig und sollte nicht mit den Augen oder den Schleimhäuten in Berührung kommen. Es kann zu Lähmungserscheinungen und Erbrechen führen.

Die Bachforelle

Salmo trutta fario
Wirbeltier

○ gefährlich
✓ harmlos

☞ Steckbrief

Grundfarben:
Rücken: Graugrün
Seiten: Goldgelb mit roten Punkten
Bauch: Weiß
Größe: 20–80 cm
Gewicht: 1–5 kg

☞ Aussehen/Beschreibung

Die Bachforelle ist ein Raubfisch. An den Körperseiten weist sie meist eine goldfarbene Färbung auf, die zum Rücken hin etwas dunkler wird. Über den Körper sind kleine rote Punkte verteilt, weshalb sie von Anglern auch die „Rotgetupfte" genannt wird. Die Bachforelle zählt zu der Gattung der „Salmoniden", das heißt zu den lachsartigen Fischen. Je nachdem wie groß das Nahrungsangebot ist, kann sie eine Größe von 20 bis 80 cm erreichen. Bachforellen laichen zwischen Oktober und Januar, indem sie 100 rötliche, 4 bis 5 mm große Eier ablegen, aus denen nach 2 bis 4 Monaten die Fischlarven schlüpfen.

☞ Nahrung

Bachforellen ernähren sich je nach Größe vor allem von Insekten und im Wasser vorkommenden Insektenlarven, kleinen Fischen und kleineren Krebstieren. Sie können sehr schnell schwimmen, nehmen aber trotzdem meist nur vorbeischwimmende Nahrung auf.

☞ Lebensraum

Die Bachforelle findest du in schnell fließenden Flüssen und Bächen mit sauerstoffreichem, kühlem Wasser. Sie kommt in ganz Europa vor.
Der Fisch ist sehr standorttreu, verlässt seinen Platz nur zur Fortpflanzung und kehrt auch bei einer Störung in der Regel wieder an seinen angestammten Platz zurück. Die erwachsene Bachforelle beansprucht sogar ein eigenes Revier. Außer der heimischen Bachforelle gibt es noch etwa 15 verschiedene andere Formen.

INFO
Die Bachforelle ist ein sehr leckerer Speisefisch und darum bei Anglern sehr beliebt. Sie wird hauptsächlich mit Kunstködern gefangen.

Die Barbe

Barbus barbus
Wirbeltier

○ gefährlich
✓ harmlos

☞ Steckbrief

Grundfarben:
Rücken: Graugrün
Seiten: Goldgelb
Bauch: Weiß
Größe: 30–50 cm
Gewicht: 1–3 kg

☞ Aussehen/Beschreibung

Die Barbe kannst du an ihrem lang gestreckten Körper und ihren auffallend großen Flossen erkennen. Die Barbe gehört zu der Familie der Karpfenfische, ihr Körper ist mit vielen kleinen Schuppen besetzt, und an ihrem Maul befinden sich oben und unten zwei Bartfäden, wie es bei Fischen üblich ist, die sich vorwiegend auf dem Gewässergrund aufhalten. Der Rücken der Barbe hat eine graugrüne Farbe, die Seiten sind goldgelb und der Bauch wie bei den meisten Fischen weiß. Der Fisch kann bis zu 90 cm lang und bis zu 10 kg schwer werden, im Durchschnitt wird er jedoch nur 30–50 cm lang und 1–3 kg schwer.

☞ Nahrung

Die Barbe ernährt sich von Insektenlarven, Muscheln, Fischlaich, Schnecken und Würmern. Große Barben jagen auch kleinere Fische.

☞ Lebensraum

Die Barbe ist ein Grundfisch, der sich gerne in starker Strömung mit steinig-sandigem Untergrund aufhält.
In den Monaten von Mai bis Juli ziehen die Barben in Schwärmen flussaufwärts, suchen dort kiesige Stellen, wo sie 3000–9000 Eier ablegen. Nach etwa 10–15 Tagen schlüpfen die Larven.

INFO
Die Barbe ist ein langsam wachsender Fisch mit vielen kleinen Gräten, was sie zu keinem besonders beliebten Speisefisch macht.

Die Bisamratte

Ondatra zibethicus
Säugetier

○ gefährlich
✓ harmlos

☞ Steckbrief

Grundfarben:	Schwarz bis Creme
Größe:	etwa 57 cm
Gewicht:	0,8–1,6 kg

☞ Aussehen/Beschreibung

Die Bisamratte erkennst du an ihrem kurzen, gedrungenen Körper. Ihr Schwanz ist fast nackt und seitlich abgeflacht. Sie erreicht eine Kopf- und Rumpflänge von etwa 35 cm und eine Schwanzlänge von circa 22 cm, ihr Körpergewicht liegt in der Regel zwischen 0,8 und 1,6 kg. Das Tier ist hervorragend an das Leben im Wasser angepasst. Die Bisamratte kann zum Beispiel ihre Ohren wasserdicht verschließen und ist ein geschickter Schwimmer und Taucher. Zur Steuerung beim Schwimmen benutzt die Bisamratte ihren langen Schwanz, ihr Fell ist sehr dicht und wasserabweisend, wodurch sie sich für längere Zeit im Wasser aufhalten kann. Die Fellfarbe der Bisamratte wechselt von Schwarz über Dunkelbraun bis hin zu Creme.

☞ Nahrung

Die Bisamratte ernährt sich hauptsächlich von Wasser- und Uferpflanzen wie Schilf und Rohrkolben. In den Wintermonaten, in denen sie nur wenige Pflanzen finden können, ergänzen sie ihren Speisezettel durch Muscheln, Wasserschnecken, Krebse und Pflanzenwurzeln.

☞ Lebensraum

Die Bisamratte lebt überwiegend im Wasser, sie ist ein gewandter Schwimmer und kann bis zu zehn Minuten tauchen, an Land wirkt sie eher unbeholfen. Die scheuen Tiere leben an Flüssen oder Teichen und sind in der Regel in der Nacht oder in der Dämmerung aktiv. Überall, wo sich an den Ufern eine Möglichkeit bietet, graben sie Höhlen, deren Eingänge unter dem Wasser liegen.

INFO
Ursprünglich kommt die Bisamratte aus den Feuchtgebieten Nordamerikas, bei uns ist das Tier oft gefürchtet, da es durch die Wühltätigkeit manchmal zu Schäden an Ufern und Dämmen kommt.

Die Blindschleiche

Anguis fragilis
Wirbeltier

○ gefährlich
✓ harmlos

☞ Steckbrief

Grundfarben: verschiedene Brauntöne von Sandfarben bis Schwarzbraun
Größe: bis zu 52 cm
Gewicht: etwa 700 bis 1500 g

☞ Aussehen/Beschreibung

Die Blindschleiche ist trotz ihres Aussehens keine Schlange, sondern eine Echsenart innerhalb der Familie der Schleichen. Anders als ihr Name vermuten lässt, ist sie nicht blind. Sie hat keine Beine und kann bis zu 52 cm lang werden, meistens jedoch nur 35–45 cm. Blindschleichen können in der freien Natur bis zu 50 Jahre alt werden. Wird die Blindschleiche von einem Feind angegriffen, kann sie ihren Schwanz abwerfen, der, anders als bei Eidechsen, nicht wieder nachwächst. Die Tiere sind in den verschiedensten Brauntönen gefärbt von Sandfarben über Kupferbraun bis hin zu Schwarzbraun.

☞ Nahrung

Du kannst Blindschleichen häufig nach Regenschauern finden, da sie sich hauptsächlich von Würmern und Schnecken ernähren, die nach dem Regen hervorkommen.
Die Blindschleiche hat sehr spitze Zähne, damit sie ihre glitschige Beute gut festhalten kann, dem Menschen kann sie jedoch nicht gefährlich werden. Die Schleiche kann verhältnismäßig große Beutetiere verschlingen und Regenwürmer fressen, die mehr als halb so groß sind wie sie selbst.

☞ Lebensraum

Du kannst die Blindschleiche in ganz Europa finden. Sie lebt in Waldgebieten, auf Lichtungen und in Gärten, dort auch gerne in einem Komposthaufen. Die Schleiche ist tag- und dämmerungsaktiv und versteckt sich gerne zum Schutz vor Feinden unter Steinen oder Laub.

INFO

Zum Überwintern gräbt sich die Blindschleiche in einer Höhle ein oder sucht Zuflucht in einem Komposthaufen, die Kältestarre dauert bis Ende März oder Anfang April.

Der Dachs

Meles meles
Säugetier

○ gefährlich
✓ harmlos

☞ Steckbrief

Grundfarben:
Oberseite: Silbergrau
Bauchseite: Schwarz
Größe: 90 cm
Gewicht: 15–20 kg

☞ Aussehen/Beschreibung

Es wird schwierig für dich sein, einmal einen Dachs zu beobachten, da er fast ausschließlich nachts aktiv ist. Der Dachs gehört zu der Familie der Marder, ein erwachsener Dachs kann bis zu 90 cm lang werden und zwischen 15 und 20 kg wiegen. Die Dachsmännchen sind in der Regel etwas größer als die Weibchen und die größten Marder in Mitteleuropa. Sein Fell ist auf der Bauchseite schwarz und auf der Oberseite silbergrau gefärbt. Das Gesicht ist weiß, von den Ohren über die Augen und die Nase verläuft ein auffallender schwarzer Streifen.

☞ Nahrung

Dachse fressen im Gegensatz zu anderen Mardern fast alles. Obst, Wurzeln, Samen und Pilze stehen ebenso auf dem Speisezettel wie Insekten, Vögel, Mäuse, Schnecken und Würmer. Gerne frisst er auch die Eier und Jungvögel von am Boden brütenden Vögeln.

☞ Lebensraum

Den Dachs kannst du in den Wäldern in fast ganz Europa vorfinden. Der Dachs gräbt sich im Wald eine große Höhle, die er sich mit trockenem Laub, Moos und Farnkraut bequem auspolstert. Jede nachfolgende Dachsfamilie vergrößert die Höhle und legt weitere Wohnkammern an.
Die Dachspaare bleiben ein Leben lang zusammen, bei einem Wurf werden 1–6 Junge geboren, die zuerst ganz weiß und blind sind, die typische Fellfärbung erhalten sie erst später.

INFO
Dachshaare werden zur Herstellung von Bürsten und Pinseln verwendet. Sie kommen heute meistens aus China, wo Dachse massenhaft gezüchtet werden.

Der Damhirsch

Dama dama
Säugetier

○ gefährlich
✓ harmlos

☞ Steckbrief

Grundfarben: Rotbraun im Sommer und Graubraun im Winter
Größe: Schulterhöhe 80–105 cm
Gewicht: 45–110 kg

☞ Aussehen/Beschreibung

Einen Damhirsch kannst du an dem typischen Schaufelgeweih der männlichen Tiere leicht erkennen, die weiblichen Tiere haben kein Geweih. Der Damhirsch ist deutlich größer als ein Reh, aber kleiner als der Rothirsch, und er hat eine Schulterhöhe von 80–105 cm. Die männlichen Tiere wiegen zwischen 65 und 110 kg, die Weibchen zwischen 45 und 70 kg. Je nach Jahreszeit ändert sich die Fellfarbe: Im Sommer ist der Damhirsch auf der Oberseite rotbraun mit weißen Flecken, im Winter ist er graubraun gefärbt.

☞ Nahrung

Der Damhirsch frisst Gras, Laub, Kräuter und knabbert auch schon einmal die Rinde von Bäumen an, richtet aber meist nicht so große Schäden wie der Rothirsch an.

☞ Lebensraum

Die alten Römer bürgerten den Damhirsch zuerst im Mittelmeerraum ein, später brachten sie ihn auch in das heutige Deutschland.
Du kannst den stolzen Damhirsch oft in Parkanlagen bewundern, wo er zur Freude der Besucher in Gehegen gehalten wird. Er kommt aber auch in der freien Wildbahn vor. In der Natur kann er gut überleben, da er gut riechen, hören und noch viel besser sehen kann und sich so vor Feinden schützt, indem er früh genug die Flucht ergreift.

INFO
Das Damwild lebt in großen Rudeln, die aus den Jungtieren und den weiblichen Tieren bestehen, die Hirsche leben in kleineren männlichen Trupps.

Das Eichhörnchen

Sciurus vulgaris
Säugetier

○ gefährlich
✓ harmlos

👉 Steckbrief

Grundfarben: Hellbraun bis Schwarz
Größe: etwa 40 cm
Gewicht: 200–400 g

👉 Aussehen/Beschreibung

Ein Eichhörnchen kannst du leicht an seinem buschigen Schwanz erkennen, der fast so lang ist wie der Körper selbst. Die Fellfarbe variiert von Hellbraun bis Schwarz und ist auf der Bauchseite weiß gefärbt. An seinen Ohren ragen lange Fellhaare empor, die sogenannten „Pinsel". Ein Eichhörnchen kann ein Körpergewicht von etwa 200 bis 400 g erreichen, die Körper- und Schwanzlänge betragen jeweils 15–20 cm; somit kann ein Eichhörnchen bis zu 40 cm lang werden. Die Tiere sind sehr lebhaft, neugierig, tollkühne Kletterer und während des Tages aktiv.

👉 Nahrung

Eichhörnchen suchen ihre Nahrung in den Wipfeln von Bäumen. Sie besteht aus Nüssen und anderen Baumsamen oder Beeren, aber auch aus Insekten oder sogar Jungvögeln. Die Nahrungssuche findet vor allem in den frühen Morgen- und späten Abendstunden statt.

👉 Lebensraum

Eichhörnchen sind in allen Wäldern Europas beheimatet, aber auch in Gärten und Parks. In der Nähe von Menschen werden sie manchmal so zahm, dass sie Futter aus der Hand annehmen. Es gibt 28 verschiedene Arten der Tiere, die meisten davon leben in Amerika. Lediglich drei dieser Arten kannst du auch hier finden. Eichhörnchen sind sehr geschickte Kletterer. Sie flitzen die Bäume rauf und kopfüber wieder nach unten. In der freien Natur können Eichhörnchen 6–7 Jahre alt werden.

INFO
Eichhörnchen legen sich im Herbst einen Futtervorrat für den Winter an. Sie sammeln zum Beispiel Nüsse, verscharren sie im Waldboden oder verstecken sie in Baumhöhlen.

Die Elster

Pica pica
Wirbeltier

○ gefährlich
✓ harmlos

☞ Steckbrief

Grundfarben: Schwarz und Weiß
Größe: etwa 51 cm
Gewicht: 150–233 g

☞ Aussehen/Beschreibung

Eine Elster hast du bestimmt schon einmal gesehen, wenn sie laut gackernd durch den Garten fliegt. Sie hat ein auffallend schwarz-weiß gefärbtes Gefieder und einen auffallend langen Schwanz, der je nach Lichtverhältnissen einen metallischen Glanz aufweist. Männliche und weibliche Tiere unterscheiden sich äußerlich nicht voneinander, Männchen sind jedoch etwas schwerer. Elstern werden schon kurz vor Sonnenaufgang aktiv, etwa eine Stunde vor Sonnenuntergang nähert sich der Vogel immer mehr seinem Schlafplatz. Auf dem Boden bewegt sich der Vogel meist hüpfend fort, in der Luft kannst du sie an ihrem typischen wellenförmigen Flatterflug erkennen.

☞ Nahrung

Die Elster verspeist mit Vorliebe Larven, Würmer, Spinnen und Schnecken, aber auch kleinere Wirbeltiere bis zur Größe einer Feldmaus stehen auf ihrem Speiseplan, außerdem plündert sie, sehr zum Ärger vieler Vogelliebhaber, während der Brutzeit die Gelege anderer Vögel. Stadtelstern ernähren sich auch von Abfällen und fressen Fleisch- und Brotreste, zum Beispiel vom Komposthaufen oder aus der Mülltonne.

☞ Lebensraum

Die Elster lebt gerne in Gebieten mit Wiesen, Hecken, Büschen und kleinen Baumgruppen. Selten ist sie im dichten Wald zu sehen, auch kannst du sie in der Stadt beobachten, da sie hier leicht Nahrung finden kann.
Die Elster baut große Nester aus Zweigen und legt dann die Nistmulde mit feinem Wurzelwerk aus.

INFO
Die Elster gehört zu der Familie der Rabenvögel und zählt zu den intelligentesten Vögeln überhaupt. Durch ihr auffälliges schwarz-weißes Federkleid wurde sie in Europa lange als Unheilsbotin betrachtet.

Der Feldhase

Lepus europaeus
Säugetier

○ gefährlich
✓ harmlos

☞ Steckbrief

Grundfarben: Braun bis Rotbraun
Größe: 60–70 cm
Gewicht: 4–5 kg

☞ Aussehen/Beschreibung

Den Feldhasen kannst du an seinen langen Ohren, den Löffeln, erkennen, seine Hinterbeine sind deutlich länger als die Vorderbeine. Der Hase wird etwa 60–70 cm lang und erreicht ein Gewicht von bis zu 5 kg. Sein Fell hat eine braune bis rotbraune Färbung und gibt ihm eine gute Tarnung. Der Feldhase wird häufig mit dem Kaninchen verwechselt, obwohl er längere Ohren hat und in der Regel Einzelgänger ist, wogegen Kaninchen in Kolonien leben. Die Lebenserwartung in freier Natur beträgt bei einem Hasen etwa 12 Jahre.

☞ Nahrung

Feldhasen ernähren sich hauptsächlich von Gräsern, Kräutern, Getreide, Kohl oder Klee. Bei Einbruch der Dunkelheit verlassen sie ihre Deckung, um auf Nahrungssuche zu gehen. Erst kurz vor Sonnenaufgang kehren sie wieder zurück.

☞ Lebensraum

Der Feldhase lebt in ganz Europa sowie im westlichen Asien und in Nordamerika. Sein liebster Lebensbereich sind bebaute Steppengebiete, man findet ihn aber auch hin und wieder in Waldgebieten und sogar in den Alpen bis in eine Höhe von 1600 m.
Der Feldhase ist sehr standorttreu und ein Meister der Tarnung, vor seinen Feinden, zum Beispiel dem Fuchs, flüchtet er immer erst im letzten Moment. Auf der Flucht kann der Feldhase eine Geschwindigkeit von bis zu 50 km/h erreichen, und er kann bis zu 7 m weit springen.

INFO
Der Feldhase ist sehr scheu und liegt meist tagsüber in einer Mulde, den Kopf gegen den Wind gerichtet. Da er einen guten Geruchssinn hat, wird er so schnell auf eine nahende Gefahr aufmerksam.

Die Feldmaus

Microtus arvalis
Säugetier

○ gefährlich
✓ harmlos

☞ Steckbrief

Grundfarben:	verschiedene Brauntönungen
Größe:	9–12 cm
Gewicht:	20–50 g

☞ Aussehen/Beschreibung

Das kleine Nagetier ist das häufigste einheimische Säugetier. Feldmäuse haben einen auffällig kurzen Schwanz von etwa 4 cm Länge und wiegen zwischen 20 und 50 g. Der Körper der Feldmaus ist gedrungen, und das Köpfchen endet in einem stumpfen Schnäuzchen. Die Oberseite der Maus ist dunkelbraun, rotbraun, hellbraun oder graubraun gefärbt, die Seiten sind heller, und der Bauch ist meistens hellbraun. Die Augen sind dunkel und die Ohren und die Hinterfüße recht klein, ausgewachsene Feldmäuse werden 9–12 cm groß.

☞ Nahrung

Die Feldmaus frisst Früchte und Getreide, Klee, Rüben und Gräser. Bei einem großen Nahrungsangebot kann sich die Feldmaus stark vermehren, und es kann zu einer Mäuseplage kommen, wodurch viel Getreide vernichtet wird.

☞ Lebensraum

Wie der Name schon sagt, lebt die Feldmaus besonders gerne auf Feldern und Wiesen. Man kann sie aber auch in Kiefernwäldern und in der Heide beobachten.
Sie lebt in Gemeinschaften und legt unter der Erde Gänge an, in denen sie Nester baut und in denen sich eine Vorratskammer befindet. Die Feldmaus ist tag- und nachtaktiv und vermehrt sich außerordentlich schnell. Nach bereits 20 Tagen werden 3–12 Junge geboren, im Jahr sind bis zu sieben Würfe möglich.

INFO
Feldmäuse vermehren sich sehr schnell, ein einziges Mäusepaar kann in einem Jahr über mehrere Generationen bis zu 2000 Nachkommen haben.

Der Fischotter

Lutra lutra
Säugetier

○ gefährlich
✓ harmlos

☞ Steckbrief

Grundfarben:	Hellbraun
Schulterhöhe:	etwa 25–30 cm
Länge:	von Kopf bis Schwanzende etwa 130 cm
Gewicht:	bis zu 12 kg

☞ Aussehen/Beschreibung

Der Fischotter gehört zu der Familie der Marder, lebt vorwiegend im Wasser und zählt zu den besten Schwimmern. Einschließlich Schwanz wird er circa 130 cm lang. Sein braunes dichtes Fell schützt ihn gut vor Kälte und Nässe. Der Otter hat einen gestreckten Körper, kurze Beine, an seiner Schnauze befinden sich lange Tasthaare, die für ihn das wichtigste Sinnesorgan im trüben Wasser sind, und an seinen Zehen hat er Schwimmhäute. Im Durchschnitt haben Fischotter eine Schulterhöhe von 25 bis 30 cm und können bis zu 12 kg Körpergewicht erreichen. In der Natur lebende Fischotter erreichen ein Alter von 8–13 Jahren, in Gefangenschaft bis zu 22 Jahren.

☞ Nahrung

Der Fischotter fängt vorwiegend kleine, langsame und geschwächte Fische und spielt eine wichtige Rolle bei der Gesunderhaltung von Fischbeständen. Auch Enten, Bisamratten und Frösche stehen auf dem Speisezettel. Kleinere Beutetiere frisst er sogleich im Wasser, größere werden zuerst an Land gebracht.

☞ Lebensraum

Der Fischotter lebt gerne an flachen Flüssen mit zugewachsenem Ufer, wo er genügend Schutz findet. Er kommt aber auch an Seen zurecht, solange das Wasser sauber ist und genügend Fische und Versteckmöglichkeiten da sind.

INFO
Der Fischotter wird von 80–100 Millionen Haaren vor Kälte und Wärmeverlust geschützt; das sind bis zu 50.000 Haare pro cm².

Der Fuchs

Vulpes vulpes
Säugetier

○ gefährlich
✓ harmlos

☞ Steckbrief

Grundfarben: Oberseite: Rot
Unterseite: Weiß
Schulterhöhe: etwa 30–4o cm
Länge: von Kopf bis Schwanz
                 etwa 130 cm
Gewicht: 6-10 kg

☞ Aussehen/Beschreibung

Den Fuchs kannst du gut an seiner Fellfarbe erkennen, die Oberseite ist rötlich und seine Unterseite weiß. Die unteren Teile seiner Beine und die Hinterseiten seiner Ohren sind schwarz. Er ist in Europa der am meisten vorkommende Wildhund. Der Fuchs hat einige Gemeinsamkeiten mit einer Katze, da er besser klettern kann als andere Hunde und sich auch bei der Jagd ähnlich wie eine Katze verhält, indem er sich vorsichtig an seine Beute anschleicht und dann zum Mäusesprung ansetzt.

☞ Nahrung

Füchse ernähren sich von Feldmäusen, Kaninchen, Regenwürmern, Aas und Abfällen, aber auch verschiedene Obstsorten, besonders Trauben, stehen auf ihrem Speiseplan.
Im Gegensatz zu Katzen können Füchse auch „süß" schmecken, wodurch Reste von Schokolade oder zuckerhaltige Essensreste besonders beliebt sind.

☞ Lebensraum

Der Fuchs lebt im Wald, auf Äckern, im Grasland und in letzter Zeit auch in Vorstädten, wo er leichter als in der Natur an Nahrung kommt.
Der Fuchs gräbt sich zum Wohnen einen Bau mit mehreren Ausgängen. die er – falls es nötig sein sollte – zur Flucht benutzen kann. Auch alte Dachshöhlen bewohnt er gerne, und es kann vorkommen, dass Fuchs und Dachs gemeinsam darin wohnen.

INFO
Der Hauptfeind des Fuchses ist der Mensch. Früher wurde er wegen seines Pelzes gejagt, heute ist die Angst vor Tollwut der Hauptgrund für seine Verfolgung.

Der Goldfisch

Carassius auratus auratus
Wirbeltier

○ gefährlich
✓ harmlos

☞ Steckbrief

Grundfarben: Rotorange bis Gelb
Größe: 5–50 cm
Gewicht: etwa 20–400 g

☞ Aussehen/Beschreibung

Goldfische sind reine Zuchtfische, und du wirst sie in der freien Natur nicht finden können, es sei denn, jemand hat seine Goldfische in irgendeinen Teich ausgesetzt. Goldfische stammen von der Silberkarausche ab, die zu der Familie der Karpfen gehört. Goldfische sind rotorangen- bis gelbfarben, manche haben auch schwarze oder weiße Flecken. Darüber hinaus gibt es viele verschiedene Zuchtformen mit besonders geformten Flossen, manche haben auch kugelförmige, herausstehende Augen. Goldfische können eine Länge von bis zu 50 cm erreichen, wenn sie sehr wenig Platz haben im Aquarium, bleiben sie jedoch meistens viel kleiner.

☞ Nahrung

Der Goldfisch ernährt sich hauptsächlich von Kleintieren, aber er frisst auch Pflanzenteilchen. Hält man einen Goldfisch im Gartenteich oder im Aquarium, wird im zoologischen Fachhandel spezielles Futter angeboten.

☞ Lebensraum

Der Goldfisch wird meistens in einem Teich oder Gartenteich gehalten, da er im Aquarium nur einen Bruchteil seiner Größe erreicht. Für die Überwinterung im Freien muss man darauf achten, dass der Teich mindestens 80–100 cm tief ist oder beheizt werden kann, da der Goldfisch empfindlich ist und keine tiefen Temperaturen verträgt.

INFO
Halte keine Goldfische in sogenannten Goldfischgläsern. Das ist keine artgerechte Haltung, sondern für den Fisch eine Quälerei.

Der Habicht

Accipiter genitilis
Wirbeltier

○ gefährlich
✓ harmlos

☞ Steckbrief

Grundfarben:
Oberseite: Schiefergrau
Unterseite: Weiß mit dunklen
                     Querstreifen
Größe: 46–63 cm
Flügelspannweite: bis zu 122 cm
Gewicht: 800–2200 g

☞ Aussehen/Beschreibung

Der Habicht gehört zu der Familie der falkenartigen Raubvögel. Das Weibchen wird deutlich größer als das Männchen und kann bis zu 2,2 kg schwer werden, das Männchen erreicht jedoch nur etwa 800 g. Die Flügel des Habichts sind eher kurz und an den Enden gerundet, der Schwanz ist relativ lang. Seine Oberseite ist schiefergrau und die Unterseite hell, fast weiß und mit dunklen Querbändern versehen. Die Beine haben eine gelbe Farbe, ebenso die Wachshaut des Schnabels. Die Iris ist bei ausgewachsenen Vögeln orange bis hin zu kirschrot. Die Zeichnung des Gefieders ist bei Männchen und Weibchen sehr ähnlich.

☞ Nahrung

Der Habicht ergreift seine Beute mit den Krallen. Zum Beispiel frisst er kleine bis mittelgroße Vögel und Säugetiere. Hin und wieder greift sich der Habicht auch Hausgeflügel wie Tauben oder Hühner.

☞ Lebensraum

Habichte kannst du in ganz Europa, Asien, Nordafrika und Nordamerika finden. Sie leben hauptsächlich in Wäldern und an Waldrändern, teilweise zieht es sie auch in die Stadt, wenn dort Bäume wachsen.
Der Habicht erreicht zwar keine besonders hohe Fluggeschwindigkeit, er hat jedoch eine ungeheure Wendigkeit auf engem Raum, was ihm die Verfolgung seiner Beute erleichtert.

INFO
Der Habicht macht besonders gerne Jagd auf Tauben. Dabei nutzt der Vogel vorhandene Hecken oder Häuser, um sich unbemerkt an seine Beute heranzumachen.

Der Hecht

Esox lucius
Wirbeltier

○ gefährlich
✓ harmlos

☞ Steckbrief

Grundfarben:
Jungtiere: grüne Färbung
Erwachsene Tiere: Braun bis Gelb
Größe: bis zu 150 cm
Gewicht: bis zu 35 kg

☞ Aussehen/Beschreibung

Hechte gehören zu den Raubfischen. Sie haben einen pfeilförmigen Körper und können bis zu 150 cm lang und bis zu 35 kg schwer werden. Junge Hechte haben eine grünliche Färbung, weshalb sie auch Grashechte genannt werden, ältere Tiere sind meist braun bis gelblich.
Der Fisch hat eine entenschnabelförmige Schnauze; der große Mund ist mit etwa 70 spitzen, nach hinten gebogenen Zähnen besetzt, um das Entweichen einer einmal geschnappten Beute zu verhindern. Die Rückenflosse befindet sich auffallend weit hinten.

☞ Nahrung

Der Hecht ist ein gefräßiger Räuber und frisst nicht nur die möglichen anderen Fische, sondern auch Frösche, Mäuse, Ratten und junge Enten. Auch vor den eigenen Artgenossen schreckt er nicht zurück.

☞ Lebensraum

Den Hecht findest du in allen Gewässern Mitteleuropas, die ihm ausreichend Lebensraum bieten. Der Fisch lebt an bewachsenen Uferzonen von langsam fließenden Gewässern oder in Seen.
Zwischen Wasserpflanzen oder einem umgestürzten Baum versteckt, lauert er auf Beute. Hechte können auch in schwach salzhaltigem Wasser leben, zum Beispiel im Bodden an der Ostseeküste.

INFO
Der Hecht kann Artgenossen fressen, die bis zu 70 % seiner eigenen Körpergröße haben.

Der Igel

Erinaceus europaeus
Säugetier

○ gefährlich
✓ harmlos

 Steckbrief

Größe:	22–33 cm
Gewicht:	800–1500 g
Grundfarben:	
Fell:	Braun
Besonderheit:	Der Igel trägt ein Stachelkleid

☞ Aussehen/Beschreibung

Wenn du Glück hast und im Sommer abends länger im Garten bist, kannst du vielleicht einem Igel begegnen. An seinen braunen Stacheln mit hellen Spitzen kannst du ihn leicht erkennen. Etwa 800 von diesen Stacheln, welche eigentlich umgewandelte Haare sind, befinden sich auf seinem Rücken. Jeder Stachel ist mit einem Muskel versehen, sodass der Igel sie aufrichten kann, um sich im Bedrohungsfall zu einer Kugel zusammenzurollen.

Nur auf seinem Bauch und in seinem Gesicht wachsen braune Haare. Von seiner Nasenspitze bis hin zu seinem kurzen Stummelschwanz misst ein Igel zwischen 22 und 33 cm, und er wiegt zwischen 800 und 1500 g. Igel können in der freien Natur ein Alter von etwa 7 Jahren erreichen.

☞ Nahrung

Die Hauptnahrung eines Igels besteht aus Regenwürmern, Larven und Käfern. Außerdem frisst er auch Schnecken, Spinnen und Tausendfüßler, aber kein Obst oder Gemüse. Bis zum Herbst frisst sich der Igel ein Fettpolster an, um in der Zeit, in der er wenig Nahrung findet, Winterschlaf zu halten. Der Igel erwacht erst wieder, wenn die Außentemperatur anhaltend auf 10 °C angestiegen ist.

☞ Lebensraum

Igel kommen in Europa, Afrika und in Teilen Asiens vor, in Amerika und Australien fehlen sie. Sie bewohnen gerne Waldränder und Hecken sowie Gestrüpp und Unterholz.

INFO
Die Behauptung, dass Igel ihr Futter auf den Stacheln mit sich herumtragen, ist falsch. Es befinden sich lediglich manchmal Blätter oder Früchte auf ihrem Rücken aufgespießt; der Igel ernährt sich jedoch nicht davon.

Der Iltis

Mustela putorius
Säugetier

○ gefährlich
✓ harmlos

☞ Steckbrief

Grundfarben: Dunkelbraun bis Schwarz
Größe: 20–46 cm
Gewicht: 200–1700 g

☞ Aussehen/Beschreibung

Der Iltis hat einen lang gestreckten Körper, sein Fell ist dunkelbraun oder schwarz, seine Beine sind relativ kurz. Um seine Schnauze herum ist sein Fell weißlich, um seine Augen hat er schwarze Flecken.

Die männlichen Tiere erreichen eine Länge von 30–46 cm und wiegen zwischen 400 und 1700 g. Die weiblichen Tiere sind mit einer Länge von 20 bis 38 cm und mit einem Gewicht von 200 bis 900 g deutlich kürzer und leichter.

☞ Nahrung

Der Iltis ist ein Fleischfresser und erbeutet vorwiegend kleine Säugetiere wie zum Beispiel das Kaninchen. Es stehen aber auch Vögel, Fische und Frösche auf seinem Speiseplan. Manchmal kann er auch eine Schlange erbeuten, ist aber nicht, wie manchmal behauptet wird, unempfindlich gegen Schlangengift.

☞ Lebensraum

Der Iltis ist nur in der Nacht aktiv, deshalb musst du Glück haben, ihn zu sehen. Iltisse halten sich vorwiegend auf dem Boden auf und können gut schwimmen und tauchen. Tagsüber verstecken sie sich in selbst gegrabenen Höhlen, Felsspalten oder in hohlen Baumstämmen. Sie sind geschickte Jäger und können ein Beutetier überwältigen, das doppelt so groß ist wie sie selbst.

Der bevorzugte Lebensraum des Iltisses sind offene Waldränder, aber auch Wiesen und Felder, manchmal suchen sie auch die Nähe von Dörfern oder Bauernhöfe, um in den Ställen und Scheunen auf Jagd zu gehen.

INFO
Der Iltis kann besonders gut riechen und hören, wohingegen er nicht gut sehen kann. Farben kann er kaum erkennen. Bei der Fortbewegung auf dem Boden muss er sich ganz auf seinen Geruchssinn und sein Gehör verlassen.

Die Kohlmeise

Parus major
Wirbeltier

○ gefährlich
✓ harmlos

☞ Steckbrief

Grundfarben: Gelb und Schwarz
Größe: etwa 14 cm
Flügelspannweite: bis zu 25,5 cm
Gewicht: etwa 20 g

☞ Aussehen/Beschreibung

Die Kohlmeise ist in ganz Europa weit verbreitet, und du hast sie vielleicht schon einmal beobachten können. Sie hat eine Körperlänge von etwa 14 cm, eine Flügelspannweite von 22,5–25,5 cm und wiegt circa 20 g. Sie hat ein schwarzes Köpfchen, weiße Wangenflecken und einen gelben Bauch. Auf der gelben Unterseite verläuft ein schwarzes Längsband über Brust und Bauch. Das Kohlmeisenweibchen brütet zweimal im Jahr zwischen März und Juni, meist legt es zwischen 7 und 12 Eier, nach etwa 15 Tagen schlüpfen die Jungen. Kohlmeisen können in der freien Natur ein Alter von etwa 10–11 Jahren erreichen.

☞ Nahrung

Kohlmeisen ernähren sich hauptsächlich von Insekten, im Herbst und Winter aber auch von Knospen und Samen, im Winter kommen sie gerne an die Futterstelle am Vogelhäuschen.

☞ Lebensraum

Die Kohlmeise lebt gern in Laub- und Mischwäldern. Da sie sich schnell anpasst, kannst du sie auch häufig in Gärten und Parks beobachten. Den ganzen Tag ist die Kohlmeise im Garten ständig mit der Nahrungssuche beschäftigt und verspeist unentwegt Blattläuse und ähnliche Schädlinge. Die Kohlmeise ist außer in Europa auch in Asien und Nordamerika heimisch.

INFO
Kohlmeisen brüten in Baumhöhlen, Mauerritzen oder in Vogelkästen, die man im Garten anbringen kann, das Nest wird mit Grashalmen, Moos und Tierhaaren sorgfältig ausgepolstert.

Der Kolkrabe

Corvus corax
Wirbeltier

○ gefährlich
✓ harmlos

☞ Steckbrief

Grundfarben: Schwarz
Größe: etwa 64 cm
Flügelspannweite: bis zu 120 cm
Gewicht: etwa 1,5 kg

☞ Aussehen/Beschreibung

Der Kolkrabe ist der größte Vogel unter allen europäischen Rabenvögeln, er erreicht eine Körperlänge von bis zu 64 cm, eine Flügelspannweite von 120 cm und ein Gewicht von etwa 1,5 kg. Der Kolkrabe ist ganz schwarz, seine Flügel haben einen metallischen Glanz, sein Schnabel ist groß und klobig. Er hat einen keilförmigen Schwanz, der ihn von anderen Rabenvögeln unterscheidet. Wenn der Kolkrabe fliegt, lässt er laute Rufe hören; er kann auch artfremde Laute und die menschliche Sprache täuschend echt nachahmen. In der freien Natur werden Kolkraben etwa 25–30 Jahre alt, in Gefangenschaft können sie bei guter Pflege deutlich älter werden.

☞ Nahrung

Kolkraben sind Allesfresser: Kleine Säugetiere, Insekten, Jungvögel, Getreide und Aas stehen auf ihrem Speiseplan, auch kann man sie häufig auf Mülldeponien nach Nahrung suchen sehen.

☞ Lebensraum

Der Kolkrabe ist ein Standvogel, das heißt, dass er sich das ganze Jahr in seinem Brutgebiet aufhält. Er lebt in Wäldern, im Gebirge, aber auch im freien Gelände und an der Küste. Der Rabe baut große Nester in Bäumen oder auf Felsen, die oft mehrmals benutzt werden. Zwischen Februar und März legt das Weibchen 4–6 Eier. Nach dem Schlüpfen der Jungen werden die jungen Vögel von beiden Eltern gefüttert, bis sie flügge sind.

INFO
Der Kolkrabe gehört zu den intelligentesten Vögeln der Welt und ist in der Lage, seine Handlungen im Voraus zu planen. Er kann sich gut merken, an welcher Stelle er Futter versteckt hat, und er weiß, dass ein Versteck nur dann sicher ist, wenn er beim Verstecken nicht gesehen wird.

Die Kreuzotter

Vipera berus
Wirbeltier

✓ gefährlich
○ harmlos

👉 Steckbrief

Grundfarben: Silbergrau bis Schwarz
Länge: etwa 70 cm
Gewicht: etwa 100–200 g
Besonderheit: auffällige Rückenzeichnung

👉 Aussehen/Beschreibung

Die Kreuzotter ist eine Giftschlange, und du musst dich sehr vor ihr in Acht nehmen. Die Schlange kann bis zu 70 cm lang werden, die Grundfarbe der Otter reicht von Silbergrau über Rotbraun bis hin zu Schwarz. Auf dem Rücken hat sie eine auffällige Zickzackzeichnung, von der sie ihren Namen hat. Die Kreuzotter gehört zu der Familie der Vipern, die alle giftig sind. Ihr Kopf ist länglich-dreieckig, die Schnauze kurz und abgerundet. Ein typisches Merkmal aller Vipern, an denen man sie sofort erkennen kann, sind ihre Augen: Die Pupillen bilden tagsüber einen senkrechten Schlitz. Kreuzottern können bis zu 15 Jahre alt werden.

👉 Nahrung

Die Kreuzottern jagen vor allem kleine Säugetiere, Eidechsen, Frösche und Mäuse. Die Schlange lauert ihrer Beute auf; ist das Beutetier erst einmal gebissen, wartet die Schlange, bis das Gift wirkt, und verschlingt dann die Nahrung in einem Stück.

👉 Lebensraum

Die Kreuzotter war in Deutschland weit verbreitet, wird aber in den letzten Jahren immer seltener. Sie lebt gern in kühlen, feuchten Gebieten wie zum Beispiel in Mooren und in feuchten Waldgebieten. Auch in den Alpen lebt sie bis zu einer Höhe von etwa 3000 m.
Den Winter über hält die Kreuzotter einen fünf- bis siebenmonatigen Winterschlaf in ihrem Versteck und zeigt sich erst ab März oder April wieder.

INFO
Kreuzottern sind sehr scheue Tiere, die bei Gefahr sofort flüchten, sie beißen nur, wenn sie direkt bedroht werden. Das Gift der Kreuzotter ist zwei- bis dreimal giftiger als das der Diamantklapperschlange.

Der Kuckuck

Cuculus canorus
Wirbeltier

○ gefährlich
✓ harmlos

☞ Steckbrief

Grundfarben: Graubraun
Größe: etwa 36 cm
Flügelspannweite: bis zu 55 cm
Gewicht: etwa 200 g

☞ Aussehen/Beschreibung

Der Kuckuck ist ein mittelgroßer graubrauner Vogel mit einem hellen Bauch und feinen Steifen auf der Brust, er wird etwa 32-36 cm lang. Er legt seine Eier in die Nester fremder Singvögel und lässt sie von den ahnungslosen Gasteltern ausbrüten. In jedes fremde Nest legt er immer nur ein Ei.

☞ Nahrung

Der Kuckuck frisst fast ausschließlich Insekten wie zum Beispiel Schmetterlingsraupen, auch Käfer, Heuschrecken und Libellen, die weiblichen Vögel fressen auch gerne die Eier von Singvögeln.

☞ Lebensraum

Sicher hast du im Wald schon einmal den Kuckuck seinen eigenen Namen rufen hören. Der Kuckuck ist ein Zugvogel, der in Afrika südlich vom Äquator überwintert und meist erst im April zu uns zurückkommt.
Hier lebt der Kuckuck im Laub- oder Nadelwald, wichtig ist für ihn, dass in seinem Umfeld die Vögel vorkommen, in deren Nester er später seine Eier legen kann. Ansonsten kann man ihn in ganz Europa finden.

INFO
Der Kuckuck ist vom Naturschutzbund Deutschland zum „Vogel des Jahres 2008" erklärt worden.

Der Laubfrosch

Hyla arborea
Wirbeltier

○ gefährlich
✓ harmlos

☞ Steckbrief

Grundfarben: Oberseite: Grün
Unterseite: Weiß
Länge: etwa 40 mm
Gewicht: etwa 7 g

☞ Aussehen/Beschreibung

Der Laubfrosch wird etwa 30–40 mm groß. Seine Oberseite ist meistens blattgrün und wird von der weißen Unterseite durch eine schwarze Linie getrennt, die an den Hüften eine Schleife bildet. Seine Hautoberfläche ist glatt und kann besonders beim Sonnenbaden stark glänzen.

Der Laubfrosch hat einen runden Kopf, aus dem die Augen stark hervortreten. An den Enden seiner Finger und Zehen befinden sich kleine Haftscheiben, mit denen er auf Pflanzen und Bäume klettern kann.

☞ Nahrung

Mit Einbruch der Dämmerung geht der Laubfrosch auf Nahrungssuche, die Beute fängt er mit seiner klebrigen, langen Zunge, die er in Richtung Nahrung herausschnellen lassen kann. Auf dem Speiseplan des Laubfrosches stehen Spinnen, Fliegen und in Ausnahmefällen auch kleine Schnecken. Ein weiterer wichtiger Bestandteil seiner Nahrung sind außerdem Käfer und Ameisen.

☞ Lebensraum

Der Laubfrosch bewohnt bei uns Hecken und Gebüsche in der Nähe von Wasser, Teichen und Weihern. Im Laufe des Oktobers begibt sich der Laubfrosch in die Winterruhe, indem er sich eine Erdhöhle oder einen Laubhaufen sucht. Manchmal bewohnt er auch einen alten Maulwurfsgang. Laubfrösche sind die einzigen Frösche die auch auf Bäume steigen.

INFO
Der Europäische Laubfrosch wurde für das Jahr 2008 zum Lurch des Jahres gewählt.

Der Luchs

Lynx lynx
Säugetier

○ gefährlich
✓ harmlos

☞ Steckbrief

Grundfarben: Rötlich bis Gelbbraun
Schulterhöhe: etwa 75 cm
Länge: 85–110 cm
Gewicht: 20–25 kg

☞ Aussehen/Beschreibung

Der Luchs gehört zu der Familie der Katzen, hat einen kurzen Schwanz, einen Backenbart und lange Ohren, an deren Spitzen pinselartige Haarbüschel wachsen. Er wird etwa 25–30 kg schwer und hat eine Körperlänge von 85–110 cm. Seine Schulterhöhe beträgt 50–75 cm, sein Schwanz hat eine Länge von circa 12–17 cm. Das Fell des Luchses ist im Sommer rötlich bis gelbbraun, im Winter dagegen eher grau, Kinn und Bauchseite sind dagegen weißlich gefärbt. Die meisten Luchse haben dunkle Flecken auf ihrem Fell, das eine dichte Unterwolle hat, die ihm im Winter vor Kälte schützt. Die Katze hat hohe Beine und breite Pfoten.

☞ Nahrung

Während des Tages ruht der Luchs in seinem Versteck und macht sich erst bei Einbruch der Dämmerung auf die Jagd. Auf seinem Speiseplan stehen Hasen, Rehe, Wildschweine und Mäuse.

☞ Lebensraum

Der Luchs war einmal in ganz Europa verbreitet, wurde aber wegen seines schönen Fells in Deutschland stark verfolgt, bis er aus unserem Wald verschwunden war. Heute ist der Luchs in verschiedenen Waldgebieten auch in Deutschland wieder heimisch, so zum Beispiel im Bayrischen Wald.
Luchse sind ausgesprochene Einzelgänger und haben den Menschen bisher noch nie angegriffen.

INFO
Durch die großen mit Pinseln versehenen Ohren kann der Luchs ausgezeichnet hören, noch aus 65 Metern Entfernung kann er zum Beispiel eine Maus durch das Gras rascheln hören.

Der Maulwurf

Talpa europaea
Säugetier

○ gefährlich
✓ harmlos

☞ Steckbrief

Grundfarben: Weißgrau bis Schwarz
Länge: 10–17 cm
Gewicht: 60–120 g

☞ Aussehen/Beschreibung

Sicher hast du schon einmal die Maulwurfshügel auf einer Wiese gesehen und dich gefragt, wie das Tier aussieht, das da unter der Erde wohnt und das man so selten zu Gesicht bekommt.

INFO
Der Maulwurf steht unter Naturschutz und darf nicht verfolgt werden. Du solltest auch nicht seine aufgeworfenen Erdhaufen zerstören, da der Maulwurf sofort wieder alles reparieren würde und dabei wieder neue Haufen entstehen.

Der Maulwurf ist ein Insektenfresser, hat ein weiches weißgrau bis hin zu schwarz gefärbtes Fell und erreicht eine Länge von etwa 10–17 cm. Seine Augen sind nur wenige Millimeter groß, und wie die Ohren kann man sie in dem dichten Fell kaum sehen. Die Vorderfüße sind zu einer Art Grabschaufeln entwickelt, mit denen er Erde vom 20-fachen seines Körpergewichtes bewegen kann. Ein Maulwurf kann 3–5 Jahre leben.

☞ Nahrung

Der Maulwurf ernährt sich hauptsächlich von Regenwürmern, kleinen Insekten, Larven, aber auch von Mäusen und Spinnen. Die Vermutung, dass der Maulwurf ein Pflanzenschädling sei, ist falsch.

☞ Lebensraum

Der Maulwurf lebt auf Äckern, Wiesen, Feldern und Wäldern, steinige und wasserreiche Böden meidet er.

Der Mäusebussard

Buteo buteo
Wirbeltier

○ gefährlich
✓ harmlos

☞ Steckbrief

Grundfarben:	verschiedene Farben von fast Weiß bis Schwarz
Größe:	bis zu 56 cm
Flügelspannweite:	bis zu 130 cm
Gewicht:	550–1200 g

☞ Aussehen/Beschreibung

Der Mäusebussard ist ein Greifvogel, den du ganz gut an seinen abgerundeten Flügeln und an dem rund gefächerten Schwanz erkennen kannst. Es gibt Vögel mit einem fast weißen Federkleid bis hin zu einem schwarzen. Mäusebussarde können über 20 Jahre alt werden, sie wiegen zwischen 550 und 1200 g und erreichen eine Flügelspannweite von bis zu 130 cm. Der Mäusebussard ist der am häufigsten vorkommende Greifvogel. Sein Name stammt von seiner Lieblingsbeute, den Feldmäusen.

☞ Nahrung

Der Speisezettel des Mäusebussards reicht von kleinen Säugetieren über Vögel, Insekten, Regenwürmern bis hin zu Aas, weshalb man ihn häufig an Autobahnen sieht, wo er nach überfahrenen Tieren Ausschau hält.

☞ Lebensraum

Der Mäusebussard baut sein Nest für gewöhnlich in Waldnähe und geht auf offenen Flächen wie Feldern und Lichtungen auf Beutejagd. Den Mäusebussard kannst du fast überall in Deutschland sehen, sein Vorkommen ist jedoch stark von dem Nahrungsangebot abhängig. Gibt es in einem Jahr viele Feldmäuse, brüten viele Bussarde, das Weibchen legt 2–4 Eier und nach etwa 5 Wochen schlüpfen die Jungen, nach 45–55 Tagen sind sie flügge und können sich selbst versorgen.

INFO
Mäusebussarde sitzen häufig auf Zäunen oder frei stehenden Bäumen, auf Masten oder Stromleitungen, um nach Beute Ausschau zu halten.

Die Rauchschwalbe

Falco tinnunculus
Wirbeltier

○ gefährlich
✓ harmlos

☞ Steckbrief

Grundfarben:	Blauschwarz und Rahmweiß
Größe:	bis 20 cm lang
Flügelspannweite:	bis zu 33 cm
Gewicht:	bis zu 25 g

☞ Aussehen/Beschreibung

Die Rauchschwalbe ist ein Zugvogel und hat einen tief gegabelten Schwanz, auf der Oberseite ist sie blauschwarz, Bauch und die Unterseite der Flügel sind rahmweiß gefärbt, an der Kehle und auf der Stirn schimmert das Gefieder dunkelrot bis rostbraun. Die Flügelspannweite beträgt etwa 33 cm, und die Rauchschwalbe wird etwa 25 g schwer. Sie sind geschickte Flieger und erreichen dabei Geschwindigkeiten von bis zu 80 km/h. In der Natur können sie 12–16 Jahre alt werden.

☞ Nahrung

Rauchschwalben ernähren sich von Insekten aller Art, die sie im Flug fangen, oder von Läusen, die sie von Zweigen picken.

☞ Lebensraum

Die Rauchschwalbe überwintert in Afrika und kehrt erst im Frühjahr wieder zu uns zurück. Sie baut ihre Nester in Scheunen, Ställen und anderen Gebäuden, lebt aber auch gerne an Gewässern, wo sie genügend Insekten finden kann.

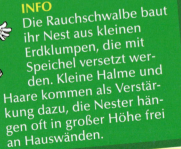

INFO
Die Rauchschwalbe baut ihr Nest aus kleinen Erdklumpen, die mit Speichel versetzt werden. Kleine Halme und Haare kommen als Verstärkung dazu, die Nester hängen oft in großer Höhe frei an Hauswänden.

Das Reh

Capreolus capreolus
Säugetier

○ gefährlich
✓ harmlos

☞ Steckbrief

Grundfarben:	Rotbraun
Schulterhöhe:	etwa 80 cm
Länge:	etwa 130 cm
Gewicht:	bis zu 30 kg

☞ Aussehen/Beschreibung

Das Reh ist die kleinste Hirschart, die in unseren Wäldern lebt. Es hat einen schmalen Kopf, der zur Nase spitz zuläuft und dadurch dreieckig wirkt. Das Fell der Rehe ist im Sommer kräftig rotbraun und wird zum Winter hin graubraun bis dunkelbraun, das Fell der jungen Rehe (Rehkitze) hat einige weiße Punkte auf dem Rücken und an den Seiten. Die männlichen Tiere tragen ein Geweih, welches in der Zeit von Oktober bis November abfällt und dann wieder nachwächst. Das Reh erreicht eine Schulterhöhe von etwa 80 cm, eine Länge von bis zu 130 cm und kann 30 kg schwer werden. In der freien Natur kann ein Reh etwa 15 Jahre alt werden.

☞ Nahrung

Das Reh ernährt sich von Kräutern, Blättern, Knospen sowie Wald- und Feldfrüchten. Rehe sind Wiederkäuer; wenn sie genug gefressen haben, legen sie sich gemütlich hin und kauen ihr Essen noch einmal.

☞ Lebensraum

Rehe leben im Wald oder in Waldrandzonen, wo sie ausreichend Deckung und Nahrung finden. Ihr Körper ist so gestaltet, dass sie sich auch in dichtem Buschwerk lautlos bewegen können.

INFO
Falls du einmal ein Rehkitz finden solltest und du den Eindruck hast, dass die Mutter es verlassen hat, darfst du es auf keinen Fall anfassen, die Rehmutter ist mit Sicherheit in der Nähe und beobachtet dich.

Die Ringelnatter

Natrix natrix
Wirbeltier

✓ gefährlich
○ harmlos

☞ Steckbrief

Grundfarben: Schiefergrau bis Olivbraun
Länge: etwa 120 cm
Gewicht: etwa 100–300 g
Besonderheit: gelbweiße Halbmondflecken

☞ Aussehen/Beschreibung

Die Ringelnatter kannst du am besten an ihren beiden großen gelbweißen Halbmondflecken erkennen, die sich rechts und links an ihrem Kopf befinden. Die Ringelnatter kommt bei uns am häufigsten vor. Sie ist schiefergrau bis olivbraun gefärbt. Auf der Bauchseite ist sie weißgrau bis gelblich gefärbt und mit einem schachbrettartigen Muster gezeichnet.
Männliche Ringelnattern können bis zu 120 cm lang werden, die meisten erwachsenen Tiere werden jedoch nur unter einem Meter lang. Die weiblichen Tiere sind in der Regel dicker als die männlichen.

☞ Nahrung

Die Ringelnatter ernährt sich hauptsächlich von Fröschen und Fischen und frisst nur lebende Beute. Junge Schlangen fressen auch Kaulquappen und Regenwürmer, sie erkennen ihre Beute ausschließlich an ihrer Bewegung. Die Ringelnatter ortet ihre Beute durch ständiges Züngeln, sie schlängelt sich langsam heran und stößt dann blitzschnell zu. Größere Beutetiere erwürgt sie und verschlingt sie dann im Ganzen.

☞ Lebensraum

Wenn es das Wetter zulässt, beginnt der Tag für die Ringelnatter mit einem ausgiebigen Sonnenbad. Sie lebt gerne in der Nähe von Gewässern und kann gut schwimmen und tauchen, aber auch weit ab von Gewässern findet man sie in feuchten Gebieten. Die Wintermonate verbringt die Ringelnatter in einer Winterstarre. Zum Beispiel in einem Baumstumpf.

INFO
Ringelnattern beißen den Menschen nur sehr selten, sie verfügen zwar über ein schwaches Gift, welches für Menschen und Haustiere wie Hunde und Katzen jedoch völlig ungefährlich ist. Ringelnattern stehen auf der Liste der gefährdeten Tiere.

Der Rothirsch

Cervus elaphus
Säugetier

○ gefährlich
✓ harmlos

☞ Steckbrief

Grundfarben:	Rotbraun im Sommer und Graubraun im Winter
Größe:	
Schulterhöhe:	80–150 cm
Gewicht:	90–350 kg

☞ Aussehen/Beschreibung

Rothirsche sind bei uns die größten Säugetiere, sie können eine Rückenhöhe von 150 cm, eine Länge von 250 cm und ein Gewicht zwischen 90 und 350 kg erreichen. Der kleine Schwanz ist 12–15 cm lang. Ihren Namen haben sie, weil sie im Sommer ein Fell tragen, das kräftig rotbraun gefärbt ist, im Winter sind sie dagegen graubraun. Die männlichen Tiere kann man gut an dem großen, weitverzweigten Geweih erkennen, das aus abgestorbenen Knochen besteht. Im späten Winter verlieren die Hirsche ihr Geweih, das dann bis zum Sommer wieder neu wächst. Hirsche können bis zu 20 Jahre alt werden, die männlichen Tiere sind etwa 1/3 größer als die weiblichen.

☞ Nahrung

Besonders in der Zeit, in der das Geweih wieder neu wächst, muss sich der Rothirsch sehr vielseitig ernähren. Er hat darum einen abwechslungsreichen Speiseplan, auf dem Gräser, Kräuter, Blätter, Rinde, Eicheln und Kastanien stehen. Findet er im Winter im Wald nicht mehr genug Nahrung, helfen viele Jäger, indem sie die Tiere mit Futter versorgen.

☞ Lebensraum

Früher unternahmen Hirsche zwischen Sommer und Winter ausgedehnte Wanderungen, um ausreichend Futter zu finden, heute sind die meisten dieser Wanderwege vom Menschen besiedelt, und die Rothirsche sind in die großen noch vorhandenen Waldgebiete verdrängt worden.

INFO
Rothirsche richten im Wald manchmal große Schäden an, weil sie besonders gerne im Sommer die Rinde von Bäumen abfressen, die dann absterben.

Das Rotkehlchen

Erithacus rubecula
Wirbeltier

○ gefährlich
✓ harmlos

☞ Steckbrief

Grundfarben: Rotbraun
Größe: bis zu 14 cm
Flügelspannweite: bis zu 22 cm
Gewicht: etwa 18 g

☞ Aussehen/Beschreibung

Das Rotkehlchen ist ein Singvogel, die Kehle und die Brust des kleinen Vogels sind orangerot, der Rücken ist bräunlich, die Augen sind auffallend schwarz, seine Beine sind auffallend dünn und lang. Rotkehlchen erreichen eine Körperlänge zwischen 13,5 und 14 cm, die Flügelspannweite beträgt etwa 20–22 cm, und ihr Körpergewicht liegt meistens bei 15–18 g. Das Rotkehlchen ist ein ausgezeichneter Sänger und kann sogar andere Vogelstimmen wie zum Beispiel die der Kohlmeise oder der Amsel nachahmen. Rotkehlchen werden im Durchschnitt nur etwa 1 Jahr alt.

☞ Nahrung

Die Hauptnahrung des Rotkehlchens besteht aus Insekten, kleinen Würmern und Spinnen, weiter stehen Sämereien und Beeren auf dem Speiseplan. Bei der Suche nach Insekten dreht das Rotkehlchen auch abgefallene Blätter um. Im Winter besucht das Rotkehlchen häufig das Futterhäuschen und frisst gerne fettreiche Nahrung wie Käserinden und Körner.

☞ Lebensraum

Das Rotkehlchen kommt in Nord-, West- und Mitteleuropa vor. Kaum eine andere Vogelart ist bei uns so beliebt. Rotkehlchen leben im Wald, wo viele dichte Büsche wachsen, in Gärten und in Parks. Das Nest wird dicht am Boden im Gestrüpp oder zwischen Baumwurzeln gebaut. Manche Rotkehlchen verbringen den Winter bei uns, andere fliegen in der kalten Jahreszeit in wärmere Gebiete wie Spanien oder Nordafrika.

INFO

Wenn sich Rotkehlchen durch andere Tiere oder durch den Menschen erschrecken, können sie eine „Schreckmauser" bekommen, und den Vogel fallen einige Federn aus.

Die Schleiereule

Tyto alba
Wirbeltier

○ gefährlich
✓ harmlos

☞ Steckbrief

Grundfarben: goldbraun mit vielen feinen grauen Flecken
Größe: bis zu 35 cm
Flügelspannweite: bis zu 85 cm
Gewicht: 300–400 g

☞ Aussehen/Beschreibung

Die Schleiereule kannst du gut an ihrem herzförmigen Gesichtsausschnitt erkennen, der je nach Art hellgrau bis leicht rosa gefärbt ist. Die Oberseite der Schleiereule ist meist goldbraun mit feinen grauen Flecken. Sie wird 33–35 cm lang und erreicht ein Gewicht zwischen 300 und 400 g. Der Vogel hat eine Flügelspannweite von etwa 85 cm, einen blassgelben Schnabel und einen kurzen Schwanz. Die Iris der Augen ist dunkelbraun bis hin zu schwarz.

☞ Nahrung

Die Schleiereule ernährt sich hauptsächlich von kleinen Säugetieren wie Feld- und Spitzmäusen. Insekten und Vögel zählen im geringen Umfang auch zu ihren Beutetieren. Die Eule jagt hauptsächlich nachts und in der Dämmerung. Ihre Beute kann sie optisch und akustisch orten. Während der Jagd fliegt sie oft nur wenige Meter über dem Erdboden, ihr Flug ist dabei nahezu geräuschlos.

☞ Lebensraum

Die Schleiereule lebt oft in enger Nachbarschaft zu den Menschen und bewohnt Scheunen, Kirchtürme, Dachböden und Ruinen, die ihr als Tagesschlafplatz und Nistplatz dienen. Da sie keine Fettschicht aufbauen können, um bei harten Wintern zu überleben, bevorzugen sie ein warmes Klima. Für ihre Beutejagd brauchen sie ein freies Wiesengelände.

INFO
Die moderne Landwirtschaft hat den Lebensraum der Schleiereule stark eingeschränkt. Von der Internationalen Naturschutzunion wird der Bestand an Schleiereulen auf etwa 4,9 Millionen Tiere geschätzt.

Die Silbermöwe

Larus argentatus
Wirbeltier

○ gefährlich
✓ harmlos

☞ Steckbrief

Grundfarben:	Weiß
Größe:	etwa 60 cm
Flügelspannweite:	bis zu 145 cm
Gewicht:	etwa 1,5 kg

☞ Aussehen/Beschreibung

Silbermöwen erkennst du an ihren weißen Federn, die an den Flügeloberseiten hellgrau und an den Flügelspitzen schwarz gefärbt sind. Eine erwachsene Möwe kann bis zu 60 cm groß werden, eine Flügelspannweite von etwa 145 cm erreichen und 1,5 kg schwer werden. Die Silbermöwe hat einen kräftigen, gelblich gefärbten Schnabel, der vorne einen roten Fleck hat. Die Füße der Silbermöwe sind rosa gefärbt. Wie alle Möwen hat sie zwischen ihren Zehen Schwimmhäute, damit sie gut im Wasser schwimmen kann. Silbermöwen können in der freien Natur ein Alter bis zu 15 Jahren erreichen.

☞ Nahrung

Da die Silbermöwe hauptsächlich an den Küsten lebt, besteht ihre Nahrung in erster Linie aus Fisch. Außerdem ernährt sie sich von Muscheln, Krebstieren und frisst als Nesträuber die Eier und jungen Vögel aus fremden Nestern.

☞ Lebensraum

Silbermöwen kannst du an der Nord- und Ostseeküste beobachten, wo sie teilweise in großen Kolonien brüten. Auch kommen viele Möwen mittlerweile in die Städte, um auf Müllhalden ihre Nahrung zu suchen. Silbermöwen sind bei uns viel häufiger zu sehen als die noch größere Mantelmöwe.

INFO
Junge Silbermöwen sind erst nach dem vierten Lebensjahr ausgefärbt, Männchen und Weibchen haben das gleiche Gefieder.

Der Spatz

Passer domesticus
Wirbeltier

○ gefährlich
✓ harmlos

☞ Steckbrief

Grundfarben:	Dunkelgrau, Braun und Schwarz
Größe:	bis zu 16 cm
Flügelspannweite:	bis zu 23 cm
Gewicht:	etwa 30 g

☞ Aussehen/Beschreibung

Der Spatz wird auch Haussperling genannt und hat eine starke Bindung an den Menschen. Die Vögel haben einen kräftigen, etwas gedrungenen Körper; die Männchen sind deutlich kontrastreicher gezeichnet als die Weibchen. Sie haben eine schwarze bis dunkelbraune Kehle, der Rücken ist braun und mit schwarzen Längsstreifen versehen, die Wangen sind hellgrau bis weißlich. Die Weibchen sind an der Oberseite hellgraubraun, der Rücken schwarzbraun und gelbbraun gestreift. Der Spatz hat eine Flügellänge von etwa 16 cm und eine Flügelspannweite bis zu 23 cm. Er erreicht ein Körpergewicht von 30 g.

☞ Nahrung

Der Spatz ernährt sich hauptsächlich von Sämereien wie Weizen, Gerste und Hafer. Je nach Jahreszeit kommen noch die Samen von Wildgräsern und Kräuter dazu, im Sommer stehen auch Insekten auf dem Speiseplan, in der Stadt wird der Spatz zum Allesfresser.

☞ Lebensraum

Den Spatz kannst du eigentlich auf der ganzen Welt antreffen; in Europa fehlt er nur in Island und in Mittel- und Nordskandinavien. Er ist auf landwirtschaftlich genutzten Feldern ebenso zu sehen wie in Städten und Dörfern.

INFO
In vielen Gegenden ist der Bestand an Spatzen in den letzten 25 Jahren um 20–50 % zurückgegangen; er steht deshalb auf der Vorwarnliste für bedrohte Tierarten.

Die Spitzmaus

Soricidae
Säugetier

○ gefährlich
✓ harmlos

☞ Steckbrief

Grundfarben: Grau bis Braun
Größe: bis zu 10 cm
Gewicht: 3–18 g

☞ Aussehen/Beschreibung

Spitzmäuse sehen auf den ersten Blick aus wie eine kleine Maus, sind aber Insektenfresser und daher eher mit dem Igel oder dem Maulwurf verwandt. Die Spitzmaus hat ein dichtes, kurzes Fell in verschiedenen Grau- und Brauntönen bis hin zu Schwarz und hat eine lange, spitze Nase. Es gibt verschiedene Spitzmausarten, zum Beispiel die Gartenspitzmaus, die Zwergspitzmaus oder die Waldspitzmaus. Spitzmäuse haben eine stark riechende Moschusdrüse, weshalb sie von Katzen oft nicht gefressen werden, auch wenn sie zur Beute wurden. Spitzmäuse zählen neben den Feldmäusen zu den kleinsten Säugetieren.

☞ Nahrung

Spitzmäuse fressen vorwiegend Insekten, Larven und Regenwürmer, manchmal auch kleine Nüsse und Samen. Sie haben einen giftigen Speichel, wodurch sie auch größere Beutetiere überwältigen können.

☞ Lebensraum

Spitzmäuse sind fast auf der ganzen Welt verbreitet und leben meistens auf dem Boden, weil sie nicht gut klettern können. Es gibt auch Spitzmäuse, die ähnlich wie der Maulwurf unter der Erde wohnen.

INFO

Spitzmäuse vermehren sich stark, sie können bis zu viermal im Jahr 5–10 Junge zur Welt bringen. Sie haben eine kurze Lebenserwartung von höchstens 2 Jahren.

Der Steinmarder

Martes foina
Säugetier

○ gefährlich
✓ harmlos

☞ Steckbrief

Grundfarbe: Graubraun
Größe: 75 cm
Gewicht: etwa 2 kg

☞ Aussehen/Beschreibung

Der Steinmarder hat einen lang gestreckten Körper, relativ kurze Beine und einen langen, buschigen Schwanz. Sein raues Fell hat eine graubraune Farbe mit einem weißen Kehlfleck. Er erreicht ein Gewicht von mehr als 2 kg und wird vom Kopf bis Schwanzende ungefähr 75 cm lang. Der Steinmarder ist damit etwa so groß wie eine Katze, aber viel schlanker und schneller. Im Gegensatz zur Katze legt er auf seinen Beutezügen erheblich weitere Strecken zurück. Steinmarder können ein Alter von circa 10 Jahren erreichen.

☞ Nahrung

Der Steinmarder geht mit Einbruch der Dämmerung auf Nahrungssuche und ist besonders in der Nacht aktiv. Er sucht Mäuse und andere kleine Säugetiere und ist ein sehr geschickter Jäger. Eine einmal entdeckte Beute hat kaum noch Fluchtmöglichkeiten. Ebenso frisst er Insekten und Vögel, besonders gern mag er Eier, die er gerne sammelt, um einen Vorrat für schlechte Zeiten anzulegen.

☞ Lebensraum

Steinmarder sind Einzelgänger, die außerhalb der Paarungszeit keinen Kontakt zu ihren Artgenossen haben. Sie leben in Felsspalten, Steinhaufen oder in verlassenen Bauten von anderen Tieren. Oft bewohnen sie auch unsere Dachböden, weshalb man sie auch Dach- oder Hausmarder nennt.

INFO
Steinmarder sind dafür bekannt, dass sie bei Autos Schläuche und Kabel zerbeißen und damit großen Schaden anrichten können. Wahrscheinlich sind es der Geruch oder die Restwärme des Motors, die die Tiere anziehen.

Die Stockente

Anas platyrhynchos
Wirbeltier

○ gefährlich
✓ harmlos

👉 Steckbrief

Grundfarben:
Männchen (Erpel):   Grau mit brauner Brust und teilweise metallischem Glanz
Weibchen: graubraun gesprenkelte Tarnkleidung
Größe: etwa 58 cm
Gewicht: etwa 700 bis 1500 g

👉 Aussehen/Beschreibung

Die Stockente wird auch Wildente genannt und ist die Stammform unserer Hausente. Männchen (Erpel) und Weibchen kannst du gut unterscheiden, da das Männchen ein deutlich farbigeres Federkleid hat als das Weibchen. Der Kopf des Erpels schimmert metallisch grün, die Schwanzspitzen sind zu so genannten „Erpellocken" aufgerollt. Zwischen Juli und August hat er ein schlichteres Federkleid, und du kannst ihn dann leicht mit dem Weibchen verwechseln. Enten haben etwa 10.000 Daunen und Deckfedern, die sie vor Nässe und Kälte schützen. Damit kein Wasser in die Federn eindringen kann, fetten sie das Gefieder mit Fett aus einer Drüse an der Schwanzwurzel.

👉 Nahrung

Stockenten fressen Wasserpflanzen, kleine Krebse, Kaulquappen, Würmer, Brot und Küchenabfälle. Wenn sie Nahrung suchen, tauchen sie oft den Kopf unter Wasser und suchen auf dem Gewässerboden bis zu einer Tiefe von etwa einem halben Meter nach Essbarem.

👉 Lebensraum

Stockenten kannst du fast überall beobachten, wo es Wasser gibt, so zum Beispiel auf Teichen, Seen und Flüssen. Oft kann man sie in kleinen Gruppen bei einem Spaziergang sehen, wenn sie im Park auf Nahrungssuche gehen. Stockenten können 10–15 Jahre alt werden.

INFO
Stockenten sind so genannte Nestflüchter und nach dem Schlüpfen schon weit entwickelt. Sie verlassen bereits nach 6–12 Stunden das Nest.

Der Turmfalke

Falco tinnunculus
Wirbeltier

○ gefährlich
✓ harmlos

☞ Steckbrief

Grundfarben: Rotbraun und Grau
Größe: bis zu 36 cm
Flügelspannweite: bis zu 76 cm
Gewicht: bis zu 220 g

☞ Aussehen/Beschreibung

Den Turmfalken kannst du schon von Weitem an seinen spitzen Flügeln erkennen und daran, dass er dauernd „rüttelt", wodurch er sozusagen auf der Stelle fliegen kann, um seine Beute zu erspähen. Männchen und Weibchen haben ein unterschiedliches Federkleid. Bei dem Männchen ist der Kopf hellgrau, bei dem Weibchen einheitlich rotbraun, das Männchen hat außerdem auf dem Rücken kleine schwarze rautenförmige Flecken, ein ausgewachsenes Weibchen hat am Rücken dunkle Querbänder. Das Weibchen erreicht eine Körperlänge von etwa 36 cm, eine Flügelspannweite von 76 cm und ein Gewicht von 220 g, die Männchen sind etwas kleiner und leichter. Turmfalken können bis zu 18 Jahre alt werden.

☞ Nahrung

Turmfalken ernähren sich hauptsächlich von Mäusen, kleinen Singvögeln, Eidechsen, Regenwürmern und Heuschrecken. Ein frei lebender Turmfalke braucht ungefähr täglich 25 % seines Körpergewichts an Nahrung. Er wartet auf Telegrafenmasten oder Ästen auf seine Beute, um sie dann mit seinen Krallen zu greifen.

☞ Lebensraum

Der Turmfalke lebt gern an Waldrändern und auf Feldern, auf denen kleine Baumgruppen stehen. Du kannst ihn auch in Städten sehen, wenn er dort genügend Nahrung finden kann. Er baut seine Nester in Felshöhlen und in Kirchtürmen, manchmal benutzt er auch verlassene Tauben- oder Krähennester.

INFO
Der Turmfalke ist nach dem Mäusebussard der häufigste Greifvogel, den du in Europa sehen kannst, obwohl nur etwa die Hälfte der Jungtiere überleben, weil sie besonders in den Wintermonaten zu wenig Nahrung finden können.

Der Wanderfalke

Falco peregrinus
Wirbeltier

○ gefährlich
✓ harmlos

☞ Steckbrief

Grundfarben:	Dunkelgrau
Größe:	bis zu 51 cm
Flügelspannweite:	bis zu 114 cm
Gewicht:	740–1300 g

☞ Aussehen/Beschreibung

Wanderfalken sind schlanke Greifvögel. Sie haben einen langen Schwanz und spitze Flügel und können sehr schnell fliegen, die Weibchen sind größer als die Männchen. Auf der Oberseite haben sie ein dunkelbraunes Federkleid, ihre Unterseite ist weiß bis cremefarben und mit dunklen Querbändern versehen, die Brust ist gefleckt oder gestrichelt. Die Weibchen haben eine Körperlänge von etwa 51 cm, eine Spannweite von circa 114 cm und ein Gewicht von 740–1300 g. Wanderfalken zählen somit zu den größten Falkenarten. Weibchen und Männchen sind sich vom Gefieder sehr ähnlich.

☞ Nahrung

Der Wanderfalke ernährt sich fast ausschließlich von kleinen bis mittleren Vögeln, die er im Flug erbeutet. Er kann am erfolgreichsten jagen, wenn seine Beute über eine längere Strecke geradeaus fliegt. Daher sind Tauben eine leichte Beute für ihn. Besonders im Frühjahr oder Herbst bilden Zugvögel wie Stare und Drosseln eine wichtige Nahrungsquelle für den Wanderfalken.

☞ Lebensraum

Wanderfalken gehören zu den am weitesten verbreiteten Vögeln auf der Welt. Da sie gern auf Felsen brüten, findest du sie häufig in Gebirgen und an felsigen Küsten. In der letzten Zeit bewohnen die Wanderfalken auch große Gebäude in Städten oder Industrieanlagen, die sie sozusagen als „Kunstfelsen" ansehen.

INFO
Bei uns ist der Wanderfalke der schnellste Raubvogel; im Sturzflug erreicht er eine Geschwindigkeit von bis zu 300 km/h. Hierbei verletzt er seine Beute in der Luft durch den Zusammenstoß.

Die Weinbergschnecke

Helix pomatia
Weichtiere

○ gefährlich
✓ harmlos

☞ Steckbrief

Gehäusefarbe:	Hellbraun
Körperfarbe:	Grau oder Beige
Körperlänge:	bis zu 10 cm
Gewicht:	bis zu 30 g

☞ Aussehen/Beschreibung

Von den bei uns lebenden Gehäuseschnecken ist die Weinbergschnecke mit einer Körperlänge von bis zu 10 cm und einem Gehäusebreite von 5–7 cm die größte ihrer Art. Ihr spiralförmiges Gehäuse ist in unterschiedlich hellen Brauntönen gefärbt, der Körper ist von beiger oder grauer Farbe und meistens nach rechts gewunden. Selten kannst du links gewundene Schneckenhäuser finden; man nennt sie darum „Schneckenkönig". An ihrem Kopf hat sie unten zwei kleine und oben zwei größere Fühler, an deren Ende je ein Auge sitzt. Bei Gefahr zieht sich die Schnecke sofort in ihr Haus zurück. Eine dicke Weinbergschnecke im Garten ist oft 5–10 Jahre alt.

☞ Nahrung

Weinbergschnecken fressen nur pflanzliche Nahrung. Frische, saftige Pflanzen oder Pflanzenteile frisst sie sehr gerne, besondere Vorlieben scheint sie nicht zu haben. Die Schnecke raspelt ihre Nahrung mit der Zunge (Raspelzunge), auf der sich bis zu 40.000 Zähnchen befinden.

☞ Lebensraum

Zum Aufbau ihres Schneckenhauses braucht sie etwa drei Jahre Zeit. Da das Haus aus Kalk besteht, muss sie den mit der Nahrung aufnehmen. Ihr Lebensraum muss deshalb genügend Kalk im Boden haben, sie bevorzugt Gebüsche, Gärten und lichte Laubwälder.

INFO
Heute kannst du durch den Einsatz von Schädlingsbekämpfungsmitteln die Weinbergschnecke nur noch selten im Weinberg finden, dagegen ist sie in Gärten, Parks und Friedhöfen noch häufig zu sehen.

Der Weißstorch

Ciconia ciconia
Wirbeltier

○ gefährlich
✓ harmlos

☞ Steckbrief

Grundfarben: Weiß und Schwarz
Größe: bis zu 100 cm lang
Flügelspannweite: bis zu 220 cm
Gewicht: 2,5–4,5 kg

☞ Aussehen/Beschreibung

Das Gefieder des Weißstorchs ist bis auf die schwarzen Schwungfedern reinweiß, die Beine und der lange Schnabel haben eine rötliche Farbe. Der Storch verständigt sich durch Klappern mit dem Schnabel, wodurch er den Spitznamen Klapperstorch erhalten hat. Er klappert zur Begrüßung des Partners am Nest und bei der Verteidigung gegen Nestkonkurrenten. Weißstörche können in der Natur ein Alter von 8–10 Jahren erreichen. Störche sind bei den Menschen sehr beliebt und bringen als Märchenfigur „Adebar" den Müttern ihre Kinder.

☞ Nahrung

Der Storch ist bei seiner Nahrung nicht besonders wählerisch. Schon von weiter Entfernung kannst du ihn sehen, wie er über Wiesen oder Sumpfland schreitet und dann blitzschnell mit seinem Schnabel auf seine Beute herabstößt. Er ernährt sich fast ausschließlich von Kleintieren wie Fröschen, Mäusen, kleinen Fischen und Insekten. Im niedrigen Wasser durchschnäbelt er das Wasser nach Nahrung; er kann aber auch vor einem Mauseloch auf Beute lauern.

☞ Lebensraum

Der Weißstorch ist ein Zugvogel und fliegt zum Überwintern bis nach Südafrika. Die bei uns lebenden Störche brauchen ausgedehnte Wiesengebiete, Auwälder mit Teichen und sumpfigen Stellen, um genügend Nahrung finden zu können.

INFO
Ursprünglich waren Störche in ganz Europa vorhanden, heute findest du die meisten in Spanien und in den Ländern Osteuropas. In manchen Gebieten ist sein Lebensraum von den Menschen zerstört worden, und er ist als Wildvogel ausgestorben.

Die Wildkatze

Felis silvestris silvestris
Säugetier

○ gefährlich
✓ harmlos

☞ Steckbrief

Grundfarben: graubraun
Größe: bis etwa 120 cm
Gewicht: 6–8 kg

☞ Aussehen/Beschreibung

Die europäische Wildkatze ist viel größer als unsere Hauskatzen, sie wird bis zu 120 cm lang und wiegt bis zu 8 kg, ihr Schwanz ist dick und relativ kurz. Das Fell hat eine verwaschene graubraune Farbe an der Schwanzspitze ist häufig eine typische Dreier-Ringelung zu sehen. Ihr Fell auf den Innenseiten der Schenkel hat eine rötliche Farbe. Die Europäische Wildkatze kann in der Natur 7–10 Jahre alt werden.

☞ Nahrung

Wildkatzen sind Fleischfresser und fangen Mäuse, Vögel, Kaninchen, Frösche und Insekten, hauptsächlich ernähren sie sich von kleinen Säugetieren. Vegetarische Kost und Aas werden nur in Notzeiten gefressen.

☞ Lebensraum

Die Europäische Wildkatze braucht große zusammenhängende Waldgebiete mit alten Laubwäldern Hier lebt sie in Baumhöhlen und in verlassenen Fuchs- oder Dachsbauten.

INFO
Mitte des 20. Jahrhunderts wurden die Wildkatzen stark verfolgt und teilweise ausgerottet. Heute le-ben in unseren Mittel-gebirgen wieder etwa 2000 Europäische Wild-katzen.

Das Wildschwein

Sus scrofa
Säugetier

○ gefährlich
✓ harmlos

☞ Steckbrief

Grundfarben:	Schwarzbraun
Schulterhöhe:	etwa 80–95 cm
Länge:	etwa 160 cm
Gewicht:	bis zu 200 kg

☞ Aussehen/Beschreibung

Das Wildschwein hat ein schwarzbraunes borstiges Fell, sein Kopf ist dreieckig geformt mit einer kräftigen Rüsselschnauze, womit es bei der Nahrungssuche den Boden aufwühlt. Das Wildschwein hat kräftige Zähne, die Eckzähne sind bei den männlichen Tieren (Keiler) besonders ausgeprägt und nach oben gebogen; sie werden im Kampf als Waffe eingesetzt. Wildschweine können bis zu 160 cm lang werden, die Schulterhöhe beträgt etwa 80–95 cm, und sie erreichen ein Gewicht von bis zu 200 kg. Das Wildschwein macht von der Seite betrachtet einen eher gedrungenen Eindruck.

☞ Nahrung

Wildschweine sind Allesfresser; bei der Nahrungssuche durchwühlen sie den Boden nach fressbaren Wurzeln, Würmern, Mäusen, Schnecken und Pilzen. Ebenso stehen Blätter, frische Triebe, Früchte, Kräuter und Gräser auf ihrem Speiseplan. Als Allesfresser schrecken sie auch vor Aas und Müll nicht zurück. In der Landwirtschaft richten sie oft großen Schaden an, wenn sie wenig Nahrung finden. Dann machen sich die Wildschweine gerne über Rüben oder Kartoffeln her.

☞ Lebensraum

Wildschweine kommen in ganz Europa außer in England und Skandinavien vor. Sie leben in Laub- und Mischwäldern. Da sie sehr anpassungsfähig sind, dringen sie manchmal sogar bis in die Randgebiete von Städten vor, um auf Mülldeponien nach Nahrung zu suchen.

INFO
Die Eckzähne der männlichen Wildschweine können in Ausnahmefällen bis zu 30 cm lang werden. In der Regel haben sie jedoch eine Länge von 20 cm, von denen 10 cm aus dem Kiefer ragen.

Der Zaunkönig

Troglodytes troglodytes
Wirbeltier

○ gefährlich
✓ harmlos

☞ Steckbrief

Grundfarben:	Rotbraun
Größe:	9,5–11 cm
Flügelspannweite:	14–15 cm
Gewicht:	7,5–11 g

☞ Aussehen/Beschreibung

Der Zaunkönig ist ein nahezu winziger Vogel mit auf der Oberseite rotbraunem und an der Unterseite fahlbraunem Gefieder, auf dem Schwanz, an den Flügeln und an den Seiten hat er dunkelbraune Wellenlinien. Der Vogel hat einen leicht gebogenen Schnabel, in den Schnabelwinkeln befinden sich Borstenhaare. Zaunkönige erreichen eine Körperlänge von 9,5–11 cm, die Flügelspannweite beträgt zwischen 14 und 15 cm, und das Körpergewicht liegt meist zwischen 7,5 und 11 g. Zaunkönige sind in der Lage, einen Baumstamm senkrecht hinaufzuklettern.

☞ Nahrung

Der Zaunkönig ernährt sich das ganze Jahr über hauptsächlich von Spinnen, Asseln, Fliegen, Mücken, Kaulquappen und Weichtieren. Ab und zu ernährt er sich auch von Brombeeren, Himbeeren oder Holunderbeeren.

☞ Lebensraum

Den Zaunkönig kannst du in ganz Europa finden, er lebt in Büschen, Hecken und im Dickicht von Wäldern, Gärten und Parks. Besonders gern lebt er an Bächen in frei gespülten Wurzeln und Schlingen von Kletterpflanzen. Hin und wieder kannst du ihn auch in Ställen und Scheunen sehen.

INFO
Der Zaunkönig ist nach den Winter- und Sommergoldhähnchen der drittkleinste Vogel in Europa. Er wird auch „Schneekönig" genannt, da er auch im Winter lebhaft singt.

Register

A
Aal 6

B
Bachforelle 8
Barbe 10
Bisamratte 12
Blindschleiche 14

D
Dachs 16
Damhirsch 18

E
Eichhörnchen 20
Elster 22

F
Feldhase 24
Feldmaus 26
Fischotter 28
Fuchs 30

G
Goldfisch 32

H
Habicht 34
Hecht 36

I
Igel 38
Iltis 40

K
Kohlmeise 42
Kolkrabe 44
Kreuzotter 46
Kuckuck 48

L
Laubfrosch 50
Luchs 52

M
Maulwurf 54
Mäusebussard 56

R
Rauchschwalbe 58
Reh 60
Ringelnatter 62
Rothirsch 64
Rotkehlchen 66

S
Schleiereule 68
Silbermöwe 70
Spatz 72
Spitzmaus 74
Steinmarder 76

Stockente 78

T
Turmfalke 80

W
Wanderfalke 82
Weinbergschnecke 84
Weißstorch 86
Wildkatze 88
Wildschwein 90

Z
Zaunkönig 92

Bildnachweis

fotolia.de:
Seite 7, 9, 15, 13, 17, 21, 23, 25, 27, 29, 31, 33, 35, 37, 39, 43, 45, 47, 51, 53, 55, 57, 60, 61, 63, 65, 67, 69, 71, 72, 73, 74, 81, 83, 85, 87, 89, 91, 92, 93, 94, 95

digitalstock.de:
Seite 11, 49

pictureload.de:
Seite 17, 29, 41, 79

pixelio.de:
Seite 19 Dieter Haugk, 59 Tempermeister, 75 Dieter Haugk, 77 Dieter Haugk und Siggi Bau